AF370239

NOTICE

DES BIJOUX,

TABLEAUX ET PORCELAINES,

Qui feront vendus le Lundi 29 Décembre 1777, de relevée, & jours fuivans, après le décès de M. le Marquis DE GOUFFIER, *Maréchal des Camps & Armées du Roi, en fon Hôtel, rue Coghéron.*

NOTICE

Des Bijoux, Tableaux & Porcelaines qui seront vendus le Lundi 29 Décembre 1777, de relevée, & jours suivans, après le décès de M. le Marquis DE GOUFFIER, Maréchal des Camps & Armées du Roi.

BAGUES.

N°. 1. UN Diamant blanc de quatre lignes trois quarts de largeur, fur fix lignes de longueur.

2. Un Diamant blanc de quatre lignes de largeur, fur quatre lignes de longueur.

3. Un autre Diamant jaune de quatre lignes de largeur, fur quatre lignes & demie de longeur.

4. Un Rubis d'Orient, de cinq lignes de longueur, fur quatre lignes de largeur, entouré de brillants.

5. Un Rubis Spinel, de trois lignes trois quarts de largeur, fur trois lignes trois quarts de longueur, entouré de brillants.

A 2

6. Un Rubis Balai en pendeloque , de quatre lignes un quart de largeur, fur fix lignes de longueur , dans fon plus grand diamêtre, entouré de brillants.

7. Un Rubis du Brefil , monté à l'antique , de fix lignes de largeur, fur fept lignes & demie de longueur.

8. Un Grenat Syrien de trois lignes trois quarts de largeur , fur cinq lignes de longueur, entouré de brillants.

9. Un Grenat Cabochon , de quatre lignes trois quarts de largeur, fur fix lignes un quart de longueur, entouré de brillants.

10. Une Opâle de la plus riche couleur, de cinq lignes de largeur , fur huit lignes de longueur , monté à jour.

11. Un Saphir d'Orient , taillé à huit pans , de cinq lignes & demie de largeur, fur fix lignes & demie de longueur.

12. Un *dito* , plus clair , de cinq lignes de largeur, fur fix lignes & demie de longueur.

13. Une Topaze d'Orient, de quatre lignes & demie de largeur, fur fix de longueur.

14. Une *dito*, du Brefil, de fix lignes de largeur, fur cinq lignes & demie de longueur.

15. Une Eméraude quarrée , à fix pans , de fix lignes de longueur, fur cinq lignes un quart de largeur.

16. Une *dito*, montée à jour, de sept lignes & demie de longueur, sur six lignes de largeur.

17. Un Saphir, de cinq lignes & demie de longeur, sur quatre lignes & demie de largeur, entouré de brillants.

18. Une Turquoise, de sept lignes & demie de longueur, sur cinq lignes un quart de largeur, entourée de brillants.

19. Une Améthyste, de six lignes de longueur, sur cinq lignes de largeur.

20. Une Aigue-marine, de six lignes & demie de longueur, sur cinq lignes & demie de largeur.

21. Un Péridot, de huit lignes de longueur, sur sept de largeur.

22. Un *dito*, plus petit.

23. *Idem.*

24. Une Hyacinte de cinq lignes & demie de largeur, sur sept lignes de longueur.

25. Une *dito*, plus petite.

26. Un Grenat Cabochon, de six lignes de largeur, sur sept lignes & demie de longueur.

27. Une Chrysolite, de six lignes & demie de largeur, sur sept lignes un quart de longueur.

28. Un Girasol, de six lignes & demie de largeur, sur sept lignes de longueur.

29. Un Saphir Cabochon , de cinq lignes & demie de largeur , fur fept lignes de longueur.

30. Une Pierre de Lune , de cinq lignes de largeur , fur fix lignes de longueur.

31. Une Chatoyante , forme d'olive , de huit lignes & demie de longueur, fur cinq lignes & demie de largeur.

32. Une *dito* , de fept lignes de long , fur cinq lignes & demie de largeur.

33. Une Malachite œillée , très-agréable.

34. Une *dito* , montée à jour.

35. Une Agate œillée à doubles yeux.

36. Une Agate arborifée , d'Orient.

37. Un morceau d'Ambre , avec un infecte , monté en or , en bague.

38. Une petite Bague de cinq petits brillants , & quatre Rubis d'Orient.

39. Une Agate-Onyx , à trois bandes.

40. Jufques & compris quarante - quatre , différentes petites bagues montées en or , Onyx , Jade , qui feront divifées.

45. Trente-cinq Bagues de Cailloux & Agates , dont les taches imitent des figures d'hommes & d'autres objets ; elles feront auffi divifées.

C R O I X.

46. U N E Croix à la dévôte, compofée de fept gros diamants & de douze petits.

47. Douze Brillants, pefants quatre karats deux quarts.

48. Vingt-quatre brillants, pefants deux karats quart un huitieme.

49. Dix Brillants, pefants un karat trois quarts trois feiziemes.

50. Neuf Brillants, pefants un karat un huitieme.

B I J O U X.

U N E Boîte d'or à deux tabacs, repréfen-tant des Marines, cifeléc par M. Defbêche.

Quatre Boîtes d'or ovales, qui feront divifées, dont une richement ornée en or de couleur.

Une Tabatiere d'écaille piquée.

Une de Lave grife, du Véfuve, montée en or.

Dix Médailles d'or, bien confervées, & modernes, qui feront divifées.

Trois d'argent.

Un lot de Médailles & Monnoyes de cuivre & d'argent.

Trois anciennes Montres d'or à répétition, qui seront divisées.

Deux Flacons montés en or.

Un Cheval cabré, servant de boîte à parfums, de   de hauteur, en argent.

Un Eventail de nacre de perle.

Un Cabinet d'ancien Laque, de deux pieds quatre pouces de largeur, sur deux pieds de hauteur, à deux panneaux, & dix tiroirs fond noir, à paysages, & fabriques en or sur fond noir.

Deux Ecritoires de campagne, en pupitres, de chagrin noir, montée en argent.

Une paire de petits Flambeaux de cabinet, à colones cancelées, d'Albâtre blanc, ornés de guirlandes, bases, chapiteaux & tiges dans les cannelures, dorés d'or moulu.

Une Cave garnie de Flacons, Etuis, Gobelet, Entonnoir, Couteau, & autres pièces en vermeil.

Plusieurs autres Bijoux qui seront détaillés.

PENDULES ET FEUX, &c.

UNE belle Pendule faite à Paris, par   de vingt-un pouces de hauteur, sur neuf pouces & demi de largeur, dans sa boîte

en œil de bœuf, richement ornée de masques
de satyres , dorés d'or moulu , dans sa cage
de verre.

Une petite Pendule de cheminée , de douze pouces & demi de hauteur , faite à Paris par Car-
tus, dans sa boîte, ornée , ainsi que la base, de
pierres de Stras, taillées, ayant pour support
un petit cheval de bronze , peint dans sa
couleur naturelle, sous une cage de verre.

Deux Pendules à secondes , dans leurs boîtes
en gaines d'ébénisterie , richement décorées
de bronzes.

Plusieurs autres Pendules de marqueterie , à
tirage, & dorées d'or moulu, & autres.

Un fort Feu à rampes & recouvrements, & à
vases de cuivre, doré d'or moulu.

Un Feu à Lions , tenans des écussons d'ar-
moiries , aussi doré d'or moulu.

Un Feu à Chinois , aussi doré d'or moulu.

Plusieurs paires de bras de cheminée à feuillages ,
dorés d'or moulu.

Plusieurs Bureaux , Sécrétaires, Serre-papiers ,
Chiffonnieres, Commodes d'ébénisterie , à
dessus de Marbre , partie dorés d'or moulu.

TABLEAUX.

N°. 1. Un Tableau peint fur toile, par David Tefniers, repréfentant un Payfage orné de figures & animaux, monté, ainfi que les fuivants, dans une bordure dorée ; hauteur 3 pieds & demi, largeur 2 pieds & demi.

2. Un Tableau peint fur bois, repréfentant un Payfage peint par Vanuden, avec figures de David Tefniers, 8 pieds de hauteur, fur 2 pieds & demi de largeur.

3. Deux Tableaux originaux très-bien peints dans le ftyle de Salvator Rofe ; ils repréfentent des guerriers dans une forêt, & paroiffent être des fujets tirés de l'Ariofte, de 20 pouces de hauteur, fur 2 pieds de largeur.

4. Deux jolis Payfages, avec fabriques & figures, par Both, de 9 pouces de hauteur, fur 12 pouces & demi de largeur.

5. Deux Tableaux très-fins & bien confervés, peints par Michaux ; ils repréfentent des Marines, Payfages, Figures & Animaux, de 10 pouces de hauteur, fur 12 pouces de largeur.

6. Un Tableau peint fur toile, repréfentant une Nôce Flamande, d'après le Tableau de Rubens, qui eft au Palais du Luxembourg ,

hauteur 5 pieds 3 pouces & demi , largeur
8 pieds.

7. Deux Tableaux agréables, repréfentant le
Triomphe de Vénus ; hauteur 13 pouces &
demi , largeur 18 pouces.

8. Deux Tableaux en demie figures, par Pefne
le fils : l'un repréfente un faifeur de boules
de favon, l'autre une fille tenant un per-
roquet.

9. Un Tableau , par un bon Maître Italien ;
il repréfente une Sainte-Famille.

10. Un *Ecce Homo*, & le Silence, d'après le
Guide.

11. Une Defcente de Croix , d'après le Car-
rache.

12. Une Miniature , d'après Raphaël , repréfentant la défaite de Porus.

13. Plufieurs bons Tableaux , d'après le Pouf-
fin, l'Albane & autres , qui feront divifés.

B R O N Z E S.

Un très-beau Bronze repréfentant la Statue
Equeftre de Louis XIV , telle qu'elle eft à la
Place Victoire , avec les quatre Efclaves enchaî-
dés au Piédeftal , qui eft de marbre blanc &
orné de trophées d'armes, de chiffres , écuffons ,

guirlandes de Bronze ; Louis XIV foule aux pieds de fon cheval un ennemi. Les fix figures qui compofent ce grouppe, ont chacune , de proportion : la Statue Équeftre a

        de hauteur ; & la totalité du morceau a   de hauteur.

Un petit Taureau fondu à cire perdue.

PORCELAINES.

Porcelaines de Saxe.

Deux grandes Terrines couvertes & leurs plateaux, fond blanc à fleurs & fruits colorés. Le bouton repréfente une grenade, & les anfes des hures de fanglier.

Deux petites Ecuelles, verd céladon , & leurs foucoupes à cartouche , fond blanc & fleurs colorées.

Une petite Ecuelle couverte & fa jatte , fond blanc à fleurs colorées.

Deux petits Chiens doguins.

Deux Taffes à anfes & leurs foucoupes , fond blanc à miniatures, repréfentans des buveurs & fujets galans , d'après Tefniers & Vateau.

Deux Taffes à anfes & leurs foucoupes, fond

blanc à dentelles d'or & animaux, repréſentant payſages & port de mer.

Deux grandes Taſſes, fond blanc, à payſages
& figures camaïeu verd.

Six Taſſes à anſes & leurs ſoucoupes, fond
lilas à cartouches, fond blanc, fleurs & oiſeaux
colorés, imitant le deſſin de l'ancienne Porcelaine.

Six Taſſes à anſes & leurs ſoucoupes, Sucrier,
Théiere & Pot-au-lait, porcelaine fond verd, à
cartouche fond blanc.

Six Taſſes & leurs ſoucoupes, & un Sucrier
fond blanc, à fleurs colorées.

Un Plateau & deux petites Taſſes fond
blanc, à miniatures, repréſentant jardin & port
de mer.

Porcelaines de Seve.

Deux grands & deux moyens Seaux à rafraî-
chir, fond blanc à fleurs colorées en or.

Deux Moutardiers & leurs jattes de même
qualité.

Un Pot-à-l'eau garni en vermeil & ſa cu-
vette.

Quatre Taſſes & leurs ſoucoupes, & un pota-pommade, Porcelaine de Seve verd céladon, dentelle d'or & cartouche fond blanc.

Deux Tasses à anse & leurs soucoupes, fond bleu de Perse à cartouche blanc & or.

Une petite Tasse à anses en litron , fond couleur , à fleurs & château Chinois & or.

Une autre de même forme , fond blanc à mosaïque bleu & or , & guirlandes de fleurs.

Porcelaines de France colorées.

Six Tasses, Sucrier, Théieres & Coquetier, fond blanc à fleurs.

Neuf Tasses à chocolat à anses , deux à côté & leurs soucoupes, & un Sucrier, fond blanc à fleurs.

Une Tasse en litron, couverte, à bordure d'or & guirlandes de fleurs colorées.

Anciennes Porcelaines.

Un Plateau, Théieres & trois Tasses , anciennes Porcelaines colorées, garnis de bordures & tulipes d'argent.

Une Soupiere & sa jatte, à oreille & bord d'argent , le tout de même.

Un Gobelet couvert & sa soucoupe , aussi de

Porcelaine colorée, à tulipes, bords & boutons d'argent.

Un Plateau, & trois tulipes d'argent, pouvant servir d'huilier.

Une Aiguiere d'ancienne Porcelaine colorée.

Deux belles Urnes d'ancienne Porcelaine, à pagodes, montées en bronze.

Deux Coquilles de quatorze pouces de large, & deux Aiguieres, fond bleu & blanc, à fleurs colorées, très-belles.

Un Rieur d'ancienne Porcelaine blanche, de dix pouces de hauteur.

Plusieurs Pots-pourris d'ancienne Porcelaine bleue & blanche, partie montés, dorés d'or moulu, qui feront détaillés lors de la vente.

Plusieurs Huiliers, Caraffons & autres objets de cristal doré, qui feront aussi détaillés.

Plusieurs grouppes de figures en biscuits de Porcelaines.

N. B. Les Livres de Belles-Lettres, Histoires, Théatres, Romans, parmi lesquels il y en a d'intéressans, feront annoncés par les Affiches publiques, le tems n'ayant pas permis d'en faire un Catalogue.

L'Hôtel où se fera ladite Vente est à vendre ou à louer présentement, s'adresser à M. de la Marche, audit Hôtel.

Lû & approuvé, ce 26 Décembre 1777. COCHIN.

Vu l'Approbation, permis d'imprimer, ce 26 Décembre 1777. LE NOIR.

A Paris, chez KNAPEN & fils, Libraires Imprimeur, au bas du Pont S. Michel. 1777.